AF497857

Chapelle restante de l'abbaye de Saint-Séverin ,
et servant actuellement d'église.

Lion qui fut à l'entrée de la fontaine de Saint-Barnabé,
lequel a subsisté jusqu'en 1836.

CHRONIQUE

DRESSÉE SUR LE

CHATEAU-GAILLARD & DAMPIERRE

SUR BOUTONNE (CHARENTE-INFÉRIEURE)

PAR

André ARSONNEAU

Premiers temps. — La chapelle de Saint-Pierre et l'église de Château-Gaillard. — Ruines et reconstructions. — Les Anglais. — Duguesclin. Reprise du château. — Le Châtelier, son origine. Guerre contre l'abbaye de Saint-Severin. Défaite. — L'ermite de « Coste de Vau » et le père « Trop-tard-Cogneu. » — La fontaine et la chapelle de Saint-Barnabbé. — Nouvelle guerre contre l'abbaye et seconde attaque du Châtelier. Désastre. — Coalition contre le Château-Gaillard. — La fontaine de *Roule-Crottes*. — Le prévôt de Louis XI en le Château-Gaillard. — Le fils du dernier baron. — La sœur du proscrit. — Le dragon des fossés de Niort. — La domination royale établie.

GALERIE DES 88 CAISSONS

AU CHATEAU DE DAMPIERRE

DONT 61 PORTENT LÉGENDE AVEC IMAGE ET LEUR SENS RAPPORTÉ AUX ÉVÉNEMENTS DE L'HISTOIRE DU CHATEAU-GAILLARD.

A CE VOLUME EST JOINTE UNE LITHOGRAPHIE DU

CHATEAU DE DAMPIERRE

PRIX : **1^{fr} 50**

NIORT

LIBRAIRIE DE Mme LAFOND-DEBENAY

Rue Saint-Jean, 8.

1875

CHRONIQUE

DRESSÉE SUR

LE CHATEAU-GAILLARD & DAMPIERRE

Si le Château qui est à Dampierre se trouvait à Paris ou à Bordeaux, ou dans quelque autre grande ville, serait-ce heureux pour lui? je ne sais pas, considérant certaines journées de carnaval historique, mais il serait plus célèbre à coup sûr; défunt ou existant, on en parlerait, et il en serait digne, car il contient un intérêt d'un genre que peut-être n'ont pas d'autres monuments en Europe.

C'est pourquoi, si vous passez à Dampierre-sur-Boutonne, ne manquez pas d'y visiter le Château.

Cependant, au cas où votre voyage ne soit pas pour dès demain, consentez à jeter les yeux sur cette vue que j'en ai fait lithographier pour vous, et par les yeux de l'esprit gravissons le petit escalier tournant qui est dans cette tourelle sexagonale que vous voyez à gauche de l'édifice; entrons ensemble dans cette galerie ornée d'arceaux, qui est au premier étage. Veuillez à présent lever la tête, et voyez cette voûte divisée en **quatre-vingt-huit caissons** ou carreaux dont soixante-un portent chacun une sculpture symbolique entourée d'une bande où est écrite une légende en latin. Je ne parle pas du mérite que possède cette œuvre-là au point de vue de l'art; nous y reviendrons.

Eh bien, il a été découvert que cette suite régulière d'inscriptions et d'images est l'histoire mise sous emblêmes d'un château plus ancien, d'un vieux castel du moyen-âge, lequel a existé à cent pas de là, sur la hauteur de l'Est, et dont la vieille église est encore debout.

Son nom était le **Château-Gaillard.**

Il était rasé lorsque fut bâti le Château de Dampierre.

Cette interprétation des **soixante-un caissons** est un travail fait, il y a plusieurs années déjà, par un jeune garçon de seize ans, et qui, depuis, s'est trouvé d'accord avec de vieilles traditions et légendes du pays, trouvées en différents lieux, de diverses façons, qu'il ne connaissait pas, et surtout avec certains fragments d'une chronique, hélas ! mutilée, rencontrée par hazard, et dont nous citerons en leurs lieux les passages conservés.

Le Château-Gaillard était très ancien ; il fût bâti entre les IXe et Xe siècle.

A cette époque, le grand empereur Charlemagne était mort. Il avait laissé des enfants et petits-fils, qui disputèrent d'abord pour partager ses royaumes, puis se battirent à qui en aurait le plus.

Pendant que ces princes-là s'écharpaient entr'eux après avoir éreinté leur père (Louis Ier, en 840), des milliers de brigands, partis des régions glacées du Danemark où ils ne pouvaient plus vivre, se lançaient à la mer sur des centaines de barques, entraient dans les rivières, s'abattaient sur le pays, ravageant tout, pillant le peuple que personne ne défendait. Alors, les nobles bâtirent des forteresses ou *castels* pour se mettre à l'abri et se défendre contre ces pirates qu'on appelait Northmans.

Un jour, Charles-le-Chauve, roi de France, dit aux grands seigneurs ses vassaux : « Venez avec moi, m'aider à battre mon neveu, Carloman, qui veut me prendre l'Italie. » Ces Messieurs répondirent : « Nous ne voulons pas y aller. » Alors, Charles-le-Chauve, qui déjà manquait de cheveux, se laissa raser ce qui lui en restait, en accordant aux nobles (Edit de Kiersy, en 877) droit de succession et hérédité, chacun en sa province, avec pouvoir de se séparer de lui ; et cela faisait *Charles-le-Chauve*, c'est-à-dire un roi sans sujets ou une tête sans cheveux. Puis il partit, emmenant les nobles pour battre son neveu, mais il eut peur avant de l'avoir vu, attrapa une échauffure en fuyant, et mourut au pied d'une montagne (le mont Cenis, 877).

A dizaine d'années de là, Charles-le-Gros, ayant défoncé le trône de Charlemagne, en passant au travers (887), chaque prince, leude, seigneur, acheva d'écarteler le trône en en tirant un morceau qu'il emporta chez lui et s'établit roi dans son domaine chacun. De cette époque, en tous lieux où se trouvait quelque roche escarpée, quelque cime inabordable, un seigneur faisait bâtir son castel ou château, s'y logeait, établissait sur un pied de guerre ses hommes d'armes, s'y posait en maître, avec droit d'hérédité, comme il avait été accordé par le bon roi Charles-le-Chauve, avant de partir pour battre son neveu.

Ce fut un de ces châteaux qui, vers ce IXe ou Xe siècle, fut élevé sur le coteau qui est à cent pas sur la rive gauche de *la Vultumne* ou *Boutonne*, aujourd'hui coupée près de ce lieu par la route qui va de Surgères à Aulnay. Cette forteresse reçut, en raison de sa position élevée, le nom de **Châtel-Gailhart** ou **Château-Gaillard**.

Des larges et profondes douves qui l'entouraient, on voit encore les restes à l'ouest de l'emplacement où il fut et de l'église qui existe encore. Le coup-d'œil y retrouve une idée de l'importance que cette construction dut avoir. Ces douves, les seules existantes aujourd'hui, étaient formées par un fort remblai de terre rapportées, appelé actuellement le *turgeau*, formant esplanade qui devait être couronnée de travaux de défense.

Le reste des douves, comme des remparts, a été à peu près entièrement comblé et démoli. Mais en suivant le trajet de celles-ci, lorsqu'elles ont, au sud-ouest, dépassé l'église d'environ vingt-cinq pas, on voit encore, au pli du terrain, la direction qu'elles ont suivie, tirant à l'est après s'être contournée par un angle assez aigu. Le talus de cet angle a, ces années, été adouci pour faciliter l'accès de l'église, la pente ayant remplacé les énormes escaliers irrégulièrement établis, formés avec les parpaings empruntés à ces fortifications démolies.

Au détour de cet angle aigu portant autrefois une tour, cette ligne suivait la direction de l'est l'espace d'une centaine de pas, coupant le champ de foire, passant au nord du couvent actuel, traversant le jardin du couvent, aboutissant au cimetière; là était encore une tour, puis la ligne se contourne encore et se dirige au nord-est, à travers les champs, traverse la route actuelle de La Villedieu et se prolonge au-delà de trente-cinq à quarante pas environ.

Ces douves de l'est pouvaient être moins profondes que celles de l'ouest, mais les murs devaient y être suffisamment forts et hauts pour n'être point battus par les cimes du levant. On peut supposer aussi qu'il y eût de ce côté plusieurs enceintes.

Enfin, cette ligne se contourne au nord avec quelques sinuosités et vient rejoindre les douves de l'ouest, en traversant la route de Chizé. C'est vers ce point, où se croisent aujourd'hui les deux routes d'Aulnay à Chizé et de Dampierre à La Villedieu, que s'élevait le corps du Château. C'était, selon l'expression de M. Duruy, un édifice, en sa construction, « carré, massif, sans architecture, « sans ornements, percé à l'aventure de quelques meur- « trières d'où sortaient les flèches, et s'ouvrant par une « porte unique sur les larges fossés qu'un pont seul per- « mettait de franchir, couronnés de créneaux et de « machicoulis par où les quartiers de roche, la poix et le « plomb fondus tombaient au pied des murs sur les « assaillants trop hardis. C'est là que tous se réfugiaient. « Ceux qui n'étaient ni guerriers ni seigneurs s'établis- « saient au pied des murs sous leur puissante tutelle. » Ainsi s'est formée notre bourgade.

La vaste cour était percée de souterrains qu'on a, à diverses époques, trouvés contenant des os en poussière.

Dans l'enceinte des remparts s'élevait encore l'église, aujourd'hui seul témoin de cet âge antique, portant à ses vieilles murailles les mutilations de la guerre et du temps.

Le nom de *Dampierre* vient de *Dominus Petrus*, Monseigneur Pierre ; Saint-Pierre étant le patron de l'église du Château-Gaillard.

Il résulte des documents trouvés, que vers la fin du VIIIe siècle, des moulins à « moloir le bled » s'étaient établis sur le cours de la *Vultumne* ou Boutonne, dans le bas du coteau où fut bâti le Château-Gaillard et avant son époque. Plus ancienne encore que ces moulins, sur le coteau même, s'élevait une chapelle « ruynée par lez Sarazins ensuicte de quoy rebastie (1). » Ce qui en porte l'origine au-delà de 732, époque de la bataille de Poitiers où ces mécréants furent écrasés par Charles Marteau.

La légende de cette chapelle était que, à la suite d'un orage, on avait trouvé sur un roc l'empreinte d'une clef (la clef de Saint-Pierre), et avait été bâtie sur le lieu cette chapelle à l'invocation de Saint-Pierre, au Seigneur Pierre, *Domno Petro*. Puis les moulins à « moloir le bled, » prenant pour patron le saint de la chapelle, se désignèrent par *Domno-Petro* ou *Domni-Petri*, la langue se modifiant, puis la prononciation romane amena domn-Pètre.

C'est alors que le Château-Gaillard fut bâti par un comte Hugues. « Fist le comte Hugues bastir Chatel-« Gailhart et ceingdre ès rempartz d'icelui, chapelle de « sainct Pierre Monseigneur. »

Qui était ce comte Hugues? je ne l'ai pas su.

Autour des moulins, quelques maisons se groupèrent, se désignant aussi par Dom-Pètre ; le langage, dans la suite, avec les mots devenant français, *Pètre* fit *Pierre*, mais une vieille habitude locale tendant à prononcer *an* la syllabe *on*, et qui daterait de fort loin, paraît-il, aurait suffi de *Dom* à faire *Dam*, et les deux mots réunis ont fait *Dampierre*.

On tire encore ce mot de *Dama-Petra*, Pierre Dame ; voulant dire la pierre en vénération dans la chapelle et marquée de la clef.

C'est au XIe siècle que la chapelle de Saint-Pierre, enfermée dans les remparts du Château, fut remplacée par une église ; le monde venait d'échapper aux terreurs de l'an mille, époque, disait-on, où les siècles devaient finir. Des docteurs, en lisant dans l'Apocalypse, avaient vu écrit : « après mille ans, » s'étaient trompés de date en voulant comprendre ; une terreur générale en avait résulté. Cependant, la nuit de suprême consternation vint, la dernière nuit de décembre; on n'entendit point la

____

(1) Chronique.

vieille Terre craquer, et le soleil des premiers jours de janvier s'éleva encore à l'horizon. Ce fut un cri de joie dans l'univers, et avec le bonheur de vivre se ranimèrent la reconnaissance et la ferveur des populations ; de tous côtés se firent des solennités, on accomplit des pèlerinages, on bâtit des églises ; c'était l'*hozannah* du monde renaissant, la robe blanche du festin après les jours de deuil, la joie de l'épouse au retour de l'époux. Mais ces idées là ne se conçoivent plus, aujourd'hui que les matérialistes ont aboli Dieu avec la vie future, et revendiquent la nature des chiens.

Cette église, d'un style roman qui ne manque pas d'élégance, fut bâtie en forme de croix. Sur le point central de jonction du transept, de la nef et de l'abside, s'élevait le clocher, haut et large, orné comme le reste de colonnes et d'arceaux.

La voûte et les arceaux sont en plein cintre ; au dehors, les fenêtres sont ornementées d'arcs soutenus par des faisceaux de colonnes partant du bas ; en haut du mur, des pierres en saillies portent figures grimaçantes ; au bas des fenêtres court un cordon en corolles de lis. Au dedans, des colonnes à corniches dentelées, en figures d'animaux ou en feuillage, supportent des arcs-boutants à chaque section de voûte ; les fenêtres, pourvues d'escaliers, portent des châssis en plomb donnant aux vitres des formes variées ; et leurs arceaux sont soutenus par des colonnes dans le style des précédentes ; elles sont surmontées d'arcs légers, en ciselures côniques, dont les deux bouts s'appuient de chaque côté sur une corniche à dentelures qui court le long des murailles.

Qu'on juge de l'importance ancienne de cette église par l'élévation, l'épaisseur des murs qui en restent encore, et par le travail de leurs ornements. Cette importance devait être en rapport de la bourgade attenante désignée par le nom du Château, et du Château-Gaillard dont le nom devait encore signifier la force et la hauteur des murailles.

Le nom de *Dam* ou *Dam-Pètre* n'était alors porté que par quelques maisons autour des moulins. C'est au XVIe siècle, cinquante ans après la chute et la soumission du Château-Gaillard, que François Ier, roi de France, fit, dans la verte campagne qui est au bas du coteau, commencer à bâtir sur un des îlots formés par le cours de la Boutonne, en arrière des moulins, le beau Château terminé par Henri II, et qui s'appela le **Château de Dampierre.**

Ce nom de *Dampierre* fut donné au bourg tout entier. On laissa dans l'oubli l'ancien nom du Château-Gaillard, alors détruit; Château jadis insubordonné et mutin, dont les dernières années, remplies de l'ambition et de la turbulence de ses barons, furent, avec leur châtiment, par ordre royal, mentionnés par des inscriptions et des sentences morales répandues sur les murs et les lambris du nouveau *Château de Dampierre*, et retracées au long par les sculptures symboliques de la galerie.

Ce devait être, pour la noblesse qui habitera Dampierre, une leçon toujours ouverte à ses yeux, sur ce qui advint à leurs devanciers au Château-Gaillard, avec une menace du même châtiment si elle en commet les fautes.

A l'époque où nous arrivons, les Northmans ou Normands ne couraient plus; après s'être battus plusieurs fois avec le roi de France, on avait fini par s'arranger : Charles III leur céda, pour s'y établir et la cultiver, une province, à la condition qu'ils deviendraient honnêtes gens; ils acceptèrent, et cela se fit comme ça. C'est depuis ce temps que cette province-là s'appelle Normandie, et que les hommes en viennent tous les ans à nos foires de Saintonge pour acheter des bœufs.

Mais ce mal passé, il y en eut un autre : chaque seigneur, fortifié dans son château, entendit bientôt n'obéir à personne; fit des lois, battit monnaie, vexa le paysan, les écrasa d'impôts et de redevances, leur fit donner la corvée et les emmenait avec lui se battre contre tel baron ou comte du voisinage avec lequel il ne s'entendait pas. Un effroyable désordre s'ensuivit : il n'y avait aucune police, conséquemment point de sécurité; le commerce était nul, les champs mal cultivés, la disette à peu près continuelle, la famine souvent, les voleurs partout, des incendies à tous les villages, des assassinats sans fin ; l'industrie n'osait pas se montrer, crainte de surtaxe ; l'instruction n'était nulle part, puisque personne ne savait lire, sinon les moines et le clergé. Celui-ci perdait quelquefois son temps à prêcher l'amour du prochain aux loups qui venaient, sortis des bois, manger le monde jusque dans les villes, et aux grands seigneurs qui, le glaive au poing, couraient sur les routes arrêter les voyageurs ; heureux les prêtres eux-mêmes quand on ne les détroussait pas. Les moines seuls nous ont conservé l'usage des lettres et des histoires antiques, et ils ont défriché par leur travail les trois quarts du sol de la France qui était en forêts. On ignore généralement trop, dans le public, les services rendus à cette époque-là par ces honnêtes gens, bien que depuis ce temps, par suite du bien-être, bon nombre soient devenus gourmands, et que d'autres aient aimé les écus, tout en prêchant contre l'avarice, ce qui fait qu'on a crié sur le dos à tous, et les curés ont eu bonne échine. Mais qu'on soulève donc aussi, pour voir, la robe ou l'habit des autres professions sociales, et qu'on nous dise, par exemple, combien, dans certains estomacs d'avoués, d'avocats, de banquiers et autres, il est passé de ces grosses digestions durant lesquelles d'aucuns pauvres diables de clients ont eu faim.

A remonter parmi cette barbarie, pour retrouver ce que fit le Château-Gaillard à ces époques reculées, on en perd la piste aisément. Ce qu'on peut savoir, c'est que, dans le cours du XIe siècle', il eut ses guerres de voisinage, fut battu, pris, pillé et saccagé, selon le sort des vaincus au moyen-âge. L'église fut ruinée ; il n'en resta debout que l'abside, avec un tronçon de la voûte recouvrant le chœur.

En 1108, Louis VI, roi de France, un gros, rude et fort gaillard, entreprit de remettre les seigneurs à la raison ; il galopa de tous côtés, cogna de la lance et se remua si bien, qu'il corrigea quelques-uns, en effraya d'autres.

« Sans cesse on voyait le roi courir avec quelques che-

« valiers pour mettre l'ordre. » (Suger). En 1126, le comte d'Auvergne et le vicomte de Polignac, qui avaient chassé l'évêque de Clermont de son église et pillé son bien, furent battus par le roi. Alors le grand-duc d'Aquitaine, qui les soutenait, eut peur, vint s'humilier devant Louis VI, demander grâce pour le comte, offrir ses terres et promettre meilleure police.

De cet événement résulta, pour la province, une période de calme relatif, et la croisade ayant emmené à Jérusalem les batailleurs les plus intraitables, le Château-Gaillard aura pu, à cette époque-là, relever ses murs et se faire des réparations, que l'église, aujourd'hui, reste seule à montrer. On reconstruisit le transept, la nef et le clocher ; mais, de cette dernière construction, le mur de gauche de la nef nous est seul resté.

On y voit une notable différence de style : les arcs-boutants soutenant les voûtes sont de vive-arête et en plein cintre, comme ceux de la construction antérieure ; mais une corniche de colonne est ornée de feuillage d'un travail plus perfectionné ; cependant le genre des colonnes est plus lourd ; les fenêtres, depourvues de colonnes, ont des escaliers plus petits, sont moins larges et vont en rétrécissant, de sorte que, vues du dehors, leur coupe étroite et longue semble presque autant être celle d'une forteresse que d'un temple : il semble qu'on y renforce les murs aux dépends des ouvertures, pour résister à l'attaque, et ces murs, sans ornements à l'extérieur, y sont flanqués de piliers massifs. Quant aux quelques détails du dedans, les dentelures des corniches qui courent le long du mur et autour des fenêtres sont plus petites, et les châssis en plomb donnent à toutes les vitres la forme de losanges réguliers.

Comme on le voit, cette église possède à présent deux styles qui tendent à s'harmoniser : le premier est sorti des élans de la foi ; les nations comme les hommes, à leur enfance, espèrent les beaux jours ; ils bâtissent, ils ornent, ils chantent en leur ferveur naïve ; mais arrivent les jours sombres, la tempête les abat, brise leurs constructions, étend le deuil sur leur contrée ; le calme revient-il, on se relève, on a souffert, mais on a mûri, on se défie, on sait prévoir, mais les rêves sont moins beaux ; tel est le second style : il procède d'une époque tourmentée ; il y a moins de goût, renfort de construction et négligence d'ornements ; on bâtit pour rester solide aux jours du danger ; c'est un travail qu'on avance tout en le faisant fort, on bâtit des murs, on oublie les images.

Jusqu'à l'année 1346, rien d'important ou de connu ne se passe au Château-Gaillard ; mais, à cette époque, se rapporte la signification des six premiers carreaux de la galerie du Château de Dampierre.

On se rappelle comment et dans quel but ces faits accomplis au Château-Gaillard se trouvent mentionnés sur la voûte de cette galerie, en sculptures symboliques, et sur les autres murs et lambris de l'intérieur, en inscriptions et sentences morales.

De ces inscriptions, un grand nombre malheureusement a disparu ; il ne nous en est parvenu que deux : l'une écrite en lettres dorées sur une planche détachée de l'une des deux poutres (la plus au midi) du lambris peint dans la salle des gardes, au premier étage. Là se trouve une grande et superbe cheminée à colonnes, dorée et peinte, qui porte aussi ses inscriptions.

Voici l'inscription de cette planche :

FACTORVM CLARITAS FORTIS ANIMVS SECVNDVS FAMÆ SINE VILLA FINE CVRSVS MODICÆ OPES BENE PARTÆ INNOCENTER AMPLIFICATÆ SEMPER HABITA MVNERA DEI SVNT EXTRA INVIDIÆ INIVRIAS POSITÆ ÆTERNVM ORNAMENTO ET EXEMPLO APVD SVOS FVTVRA.

« Des exploits glorieux, une âme courageuse, une bonne renommée qui ne faillit pas, des richesses médiocres, bien acquises, honnêtement accrues, ont toujours passé pour un don de Dieu, posé au-delà des atteintes de l'envie, et devant être à toujours un titre de gloire et un exemple devant la postérité. »

L'histoire montrera que chacun de ces préceptes a été faussé par la conduite des barons du Château-Gaillard.

L'autre inscription se lit sur chacun des côtés de la

grande cheminée. La main de la justice y porte une balance et tient enchaînées les passions.

DAT IVSTVS.
FRENA SVPERBIS.

« Le juste pose le frein aux orgueilleux. » Autrement dit : la justice du Roi qui enchaîne la féodalité superbe.

Venons aux sculptures de la galerie. Elles sont remarquables déjà au point de vue de l'art ; chacune d'elles est encaissée dans la section des chevrons en pierre, qui se croisent, soutenant la voûte ; le relief en est saillant, les détails soignés, les formes généralement régulières et les figures même expressives.

L'ordre des temps va de gauche à droite, c'est-à-dire commence par le bout du midi, où est le petit escalier de la tourelle.

Ces carreaux, portant chacun sa sculpture avec légende en latin, se divisent par sections de neuf ; chaque section de neuf est séparée, dans la longueur de la galerie, par trois carreaux sans inscription et qui portent tantôt l'un un H enlacé de deux D entre les deux autres où sont entrelacés des croissants ; tantôt celui du milieu a les croissants attributs de Diane, entre les deux autres qui portent l'H enlacé de deux D : *Diana, Henricus.*

C'est ce qui a fait croire à des archéologues que le Château de Dampierre avait été bâti pour Diane de Poitiers. On sait que Henri II voulait voir le croissant de sa Diane partout : sur ses médailles, sur ses armes, sur ses constructions, bien que le chiffre de son épouse ou celui de la France y eût été mieux placé ; ce n'est donc pas une raison, en voyant les initiales et les croissants de cette femme sur les murs de l'édifice de Dampierre, pour en conclure qu'il a été fait pour elle; jusqu'à preuve plus positive, du moins, on n'y est pas obligé; il importe du reste, à l'honneur de notre beau Château, de n'avoir point été bâti pour une prostituée, dût-ce être celle d'un roi.

Chaque section de neuf carreaux comporte les événements accomplis durant la vie d'un baron.

La première section, celle que nous allons examiner, ne compte, par exception, que six carreaux.

PREMIÈRE SECTION.

Premier carreau. — Il représente deux arbres; tous deux ont bonne terre au pied; cependant, l'un est verdoyant, l'autre est sec. A l'entour est, sur une bande, cette inscription : « BOOTES (1) . NON . OMNIBVS . ŒQVE. — *Le sacrificateur n'a pas eu pour tous influence égale.* »

Le sacrifice offert aux dieux, à leur plantation, ne fut pas à tous deux également propice, puisqu'il n'a valu aussi longue vie qu'à un seul. Aux Xe et XIe siècle, il fut planté deux arbres voisins, dont l'un était celui du Château-Gaillard, l'autre celui de l'abbaye de Saint-Séverin. A l'époque où cette galerie se sculptait, l'un de ces arbres avait séché, l'autre était encore plein de vie et portait ses feuilles.

Deuxième carreau. — Une tour sur laquelle tombe une pluie d'or.

« AVRO . CLAVSA . PATENT . — *Les portes closes s'ouvrent par l'or.* » Cette porte close fut celle du Château-Gaillard.

Depuis deux cents ans que le Roi luttait, la Féodalité en

____

(1) Le latin de tous les caissons n'est pas irréprochable : celui-ci est un mot grec Βοοθυτης écrit en latin, et dont la syllabe Θυ est omise. Ce carreau est un de ceux dont l'interprétation a donné le plus de peine au traducteur, pour la physionomie équivoque qui lui est faite là.

était venue à plier les reins ; bon nombre de seigneurs étaient mis bas et ne remuaient plus. Mais les Normands n'étaient point restés tranquilles en Normandie : Un jour, c'était au mois de septembre, an 1066, le nommé Guillaume, fils bâtard de Charlotte, laveuse de lessives à Falaise, et de Robert-le-Diable, son duc, partit en Angleterre avec ses gens, y livra bataille, vainquit l'armée, tua le prince Harold, monta sur le trône et se fit roi.

Puis, par suite de brocantage, d'héritage, de mariage, ses héritiers étant venus à accrocher, en plus, une bonne part des provinces de la France, l'idée leur vint d'avoir tout, et fut cause de cette guerre qui dura cent ans, que les rois de France eurent à soutenir contre les Anglais.

C'était en 1346, la guerre durait depuis trois années, l'armée du roi Philippe venait d'être défaite à Crécy. Une heure sinistre pour la France avait encore sonné ; l'Arbitre-Souverain qui voulait donner la victoire aux Anglais avait envoyé sur l'armée française l'esprit d'indiscipline, avec une pluie battante qui avait harassé les soldats en marche, détrempé les cordes des arcs, harassé les chevaux.

Princes et soldats furent taillés en pièces ; le roi, blessé, était en déroute ; son fils Jean, qui était au midi, fut rappelé au nord avec ses troupes, et le comte d'Erby, avec ses Anglais, courut la Guyenne et la Saintonge ; venant de prendre Aulnay, il fit donner l'assaut au Château-Gaillard.

A l'approche de l'Anglais, tous les hommes valides s'étaient renfermés au Château, où ils « combatoient drus « ès rempartz et portez de ire è côté des homes d'armes « du seigneur baron. » (Chronique). Le paysan de Saintonge avait autrefois vu l'Anglais ; il ne les aimait pas ; la résistance était opiniâtre, l'assaut fut repoussé. Le comte d'Erby, humilié, jura une vengeance.

« Fist lors le dict comte de Erby briller ès yeux du « baron de Châtel-Gailhart, tant grande et belle quantité « de argent et or que feut le povre baron pris par le éclat « et désir de tant merveilleuses, mais maldites et perni- « cieuses richesses. » (Ib)).

Le malheureux baron, tenté de l'Anglais et du diable, consentit, au prix de l'or, à livrer à l'ennemi son Château et ses défenseurs ; on promit de le maintenir en son domaine et de laisser la vie sauve à la garnison.

L'ennemi fut donc introduit dans le Château, où, se voyant maître du manoir et du seigneur, où nulle force ni crainte ne le gênant plus, il se comporta en Anglais, c'est-à-dire qu'ils massacrèrent tout et pillèrent le Château. Après le pillage, c'était le délassement des soldats, rassasiés de tuer, de renverser les édifices, surtout ceux comme une église surmontée d'un clocher, que les uns sapaient, tandis que les autres en regardaient la cime osciller d'abord, pencher, puis s'abattre et, sous sa chute, écraser les bâtiments inférieurs dans un épouvantable fracas ; ainsi fut traitée la nôtre ; il n'en reste debout que l'abside, avec le quart de sa voûte et le mur gauche de la nef. Les hurlements de cette soldatesque saluaient l'exécution. Enfin, pour n'avoir aucun reproche, ils dévalisèrent le baron pour indemniser leur comte de l'argent qu'il lui avait promis.

Troisième carreau. — Cinq têtes de fleurs sous le tranchant d'une épée ; l'inscription est en latin estropié et peu lisible : « NVTRI . ETIAM . RESPONSA . FERVNTUR . »

• Il faudrait plutôt lire : « NEVTRI . ETIAM . AD . RESPONSA . FERIVNTUR. — *Les neutres même sont frappés pour répondre.* » Dans une bataille ou une prise d'assaut, des fleurs sont des objets neutres, des êtres inoffensifs, et peuvent signifier des femmes, des enfants, un abbé, que l'ennemi aurait menacés, frappés du glaive pour les contraindre à avouer le lieu où l'on cachait objets précieux, archives et le trésor du Château. Ainsi font des voleurs. On *frappait* pour les obliger *à répondre*, des êtres *neutres*, ignorants de la chose.

Cependant quelqu'un le découvrit, puisque le

Quatrième carreau — montre une porte renversée, celle du trésor ; serrures éparses, pierre tombées. « NVC . SCIO . VERE. — *Maintenant, je sais vraiment* (que c'est là) », put dire le ravisseur, quand, derrière cette porte, il trouva réellement ce qu'on lui disait.

Le baron aurait essayé de donner à l'ennemi le change sur la vraie cachette de son trésor, car le

Cinquième carreau — présente, sur un abîme, une pierre carrée comme celles dont on fermait les souterrains : « MODICE. FIDEI. QVARE. DVBITAVISTI. — *Homme de peu de foi par ce que tu as douté.* » (Saint Mathieu XIV 31). Pour avoir manqué de foi, saint Pierre s'*enfonçait* dans l'eau ; le baron du Château-Gaillard fut *enfoncé* sous terre dans une oubliette. Trait de la loyauté anglaise, comme l'histoire en a donné plus d'un.

Sixième carreau. — Un dé jeté sur une table : « VT. CVMQVE. — *Selon le sort.* » C'est la partie qui se joue entre les deux Nations ; le Château-Gaillard est parmi les enjeux.

Quelque vingt années s'écoulèrent ; les Anglais étaient établis au Château-Gaillard et paraissaient vouloir y rester ; la victoire de Poitiers avait assuré leurs conquêtes ; ils avaient réparé, augmenté même les fortifications du Château, et voulant un jour passer pour d'honnêtes gens, ils entreprirent de restaurer l'église ; ils déblayèrent donc les décombres qu'ils avaient faits et commencèrent à bâtir sur les mêmes fondements le mur du portail et celui de droite ; mais style anglais implique distinction ; il fallait cependant, pour être logique, faire les colonnes de droite semblables ou à peu près, à leurs vis-à-vis de gauche ; mais on se dédommagea par les arcs à dentelures entourant le haut des fenêtres qui, à gauche, sont à l'intérieur, et qu'à droite on mit à l'extérieur du mur, par la corniche en dentelures qui court en ligne horizontale entre les fenêtres, que l'on supprima ; on supprima aussi les escaliers des fenêtres, et on évasa celles-ci en dehors et en dedans. Sur les colonnes, dont au chapiteau l'une porte des trèfles, l'autre des lis (car les Anglais, qui prétendaient avoir la France, prenaient aussi la fleur de lis), on établit des faisceaux de nervures pour les distribuer dans le sens de la voûte en ogive, et les y joindre avec celles qu'on établira sur les colonnes de gauche, après avoir enlevé les tronçons restés du vieux plein ceintre. Les deux colonnes gauche et droite, au mur du portail, ont ce style, et l'arceau de la grande porte tend aussi à l'ogive.

Si les Anglais avaient détruit, ils auront su du moins édifier, et la construction plus élégante qu'ils laisseront dira sa part de leur gloire. Aussi, pour ne souffrir de la postérité aucune équivoque, ils gravèrent, sur un placard laissé en relief à l'intérieur de ce mur de droite, lequel placard se voit encore à quatre pieds du sol, une inscription d'après laquelle, le…. (date perdue) septembre 1346, le seigneur comte d'Erby avait pris le Château-Gaillard, en assaut très vaillant ; et avaient, les Anglais, édifié ce mur pour restaurer l'église s'en allant en ruines depuis longues années ; ayant fait cela de leurs deniers et travail en action de grâce au Seigneur pour leur victoire, et devant être témoignage de leur piété devant les descendants. C'était pas mal d'effronterie. Malheureusement, ces travaux n'étaient pas finis quand Duguesclin passa.

Cette première phase d'événements se passe, comme on voit, à l'époque des guerres avec l'Angleterre. L'enseignement en est que le traître ne doit pas jouir longtemps, quelquefois pas du tout, du fruit de sa bassesse, car les hommes pervers qu'il a servis lui manqueront eux-mêmes de foi un jour, cesseront de le protéger, le jetteront comme un instrument dont ils n'ont plus besoin, et à l'occasion, le puniront même.

La seconde série d'événements est plus longue ; nous y entrons de suite : elle commence à l'époque où les Anglais vont être chassés de la contrée. Le Château-Gaillard, rendu à son pays, voulut s'agrandir aux dépens des voisins, suscita des guerres où il ne fut pas heureux jusqu'au jour où, battu, à bout de ressources, pressé d'ennemis, il invoqua le secours du roi de France, qui le fit raser.

L'enseignement de ces faits est qu'il faut obéissance à l'autorité suprême, loyauté et concorde avec les égaux.

C'est toujours l'application des préceptes de la planche aux lettres d'or, et des peintures de la cheminée, règle de conduite pour les nobles, qui, à l'avenir, habiteront Dampierre et les contrées d'alentour.

DEUXIÈME SECTION.

Premier carreau. — Une fleur à laquelle un nuage a caché le soleil ; elle languit « REVERTERE ET REVERTAR. — *Reviens et je reviendrai.* »

La fleur est l'image de la contrée sur laquelle s'est étendue, pendant vingt-cinq ans, ainsi qu'un nuage, la domination de l'étranger ; « Reviens et je reviendrai » crie-t-elle (au Soleil) à la France, à son Roi qui doit revenir pour chasser l'oppression anglaise qui, sur elle, a obscurci le jour.

Deuxième carreau. — Une poire suspendue à un poirier : « DIGNA MERCES ARBORE. — *Récompense digne de l'arbre.* »

De même que le fruit est la digne récompense à l'arbre qui l'a produit, le Château-Gaillard fut la digne récompense au capitaine qui le délivra.

En 1371, lorsque le connétable Duguesclin, venant de purger la ville de Melle du flegme anglais, se rendait prendre la forteresse d'Aulnay, il ne se détourna point pour attaquer le Château-Gaillard, mais à la demande des gens de l'endroit qui, en députation, vinrent le supplier de délivrer leur château, racontant les vexations qu'ils souffraient, le connétable, touché de leurs plaintes, envoya un officier dont il savait la bravoure. Ce chef de corps, à la tête de ses hommes d'armes et des gens de l'endroit, emporte d'assaut le Château-Gaillard. Ce fut l'heure de la vengeance : On se souvenait du comte d'Erby. Il fut haché, de la garnison anglaise, jusqu'au dernier être vivant ; car, dit la chronique :

« Ne eurent les François en le Châtel-Gailhart à merci « ne homes, ne femes, ne chienz, ne chatz, ne volailleries. »

Le brave et heureux soldat, ayant pris le Château, l'occupa et en fut établi baron.

Troisième carreau. — « NOSCE TEIPSVM. — *Connais-toi toi-même.* »

Lit-on écrit autour de la figure d'un serpent élevé sur une colonne et se mordant la queue : Laissé à ton niveau, tu rampais et tu étais humble ; te voilà élevé, mais tu es toujours serpent ; ne te crois pas un aigle, n'essaie point de voler, car la chute s'ensuivrait, connais-toi.

Précepte applicable à la situation de celui qui, sorti de basse condition, vient d'être élevé à la baronnie.

Les premiers soins du nouveau baron, naturellement, furent de réparer les dommages causés au Château par la prise, mais on ne termina point l'église, le baron « home peu dévotionneux, ayant lors aultres soinz en « teste » ; seulement, on dégrada à coups de marteau l'inscription des Anglais, qui depuis est restée indéchiffrable.

Comme il importait de ne point laisser complétement crouler en ruines ces bâtiments, on couvrit d'un manteau de bois et de tuiles la centenaire désolée, cette abside qui en a tant vu, on la ferma d'un mur à l'ouest, ouvert d'une porte cintrée, lequel mur, monté de quinze pieds en pointe au-dessus de la toiture, y fut troué de deux ouvertures où l'on suspendit les cloches.

On laissa à l'abandon l'aile droite, entièrement ruinée. Dans les pans encore debout de l'aile gauche, on encaissa quelques servitudes à l'usage du desservant.

Quant à la bâtisse postérieure, la nef, dont les Anglais ont refait une part, et séparée de l'abside par la lacune des ailes, le baron la couvrit aussi d'une toiture et y déposa son matériel de guerre ; le peuple, au reste, ne voulait pas y entrer pour entendre la messe, aimant mieux rester dehors par le mauvais temps quand tous ne pouvaient ranger dans la vieille bâtisse.

« Eût pu lors si avoit le dict baron eu icelui esprit de « sagesse et de piété désirable aux grands de la terre, que « eust faict rebastir en bon premier fier estat icelle povre « église pour grâce du Seigneur, duquel eust si appelé « benoiste paix en son peuple que eust donc lors teneu « en heureux estat avec prospération des choses au « dedans et concordance avec voizins au dehors ; mais « feut lequel baron priz de icelui mal amour de domina- « tion devers les aultres, laquelle superbe envie fist au- « trefoys tomber de gloire en confusion. Lucifer prince « des anges et tant nombreus aultres princes et monar-

« ques du monde, desquels serait trop long raporter icy
« la histoire ; adonc feut de même de icelui baron du
« Châtel-Gailhart duquel entreprenons la raconter. »

Quatrième carreau. — Une chandelle dans un
boisseau dont les bords limitent sa lumière : « Sic lvceat
lvz vestra. — *Que se contente ainsi de luire votre
lumière.* »

Que votre ambition ou votre gloire, ô baron ! ne cher-
che point à dépasser la limite de chez vous. Nouveau
conseil qui fait suite à celui du « *Nosce teipsum* » ; mais ce
n'est point ainsi, lui, qu'il veut l'entendre, car il répond au

Cinquième carreau. — Une pique dans son étui :
« Non son tales nvs amores. — *Telles ne sont point nos
amours.*

Nous n'aimons point une arme en repos ; cette raison
est d'un batailleur ; il lui faut la guerre, il la fera.

Nous arrivons à la période de ces guerres féodales dont
parlait la vieille tradition de chez nous, mais que les
générations nouvelles sont en train d'oublier.

A un mille du Château-Gaillard, en amont de la Boutonne et à cent pas sur la rive droite, était située l'abbaye
forte de Saint-Séverin, de l'ordre régulier des Augustins,
fondée vers l'an 1068, par Geoffroi Guillaume VIII, duc
d'Aquitaine.

Le mur d'enceinte de cette abbaye, qui était fort belle,
existe encore presque en son entier avec une de ses nom-
breuses chapelles qui, actuellement, sert d'église et était
crénelée. Autour des chapelles, entre la muraille du nord
et la maison, s'étendait une large pelouse plantée de
grands ormeaux, sous l'ombre desquels les moines
allaient en méditations.

L'abbé avait, outre les localités de son vasselage qui lui
devaient le service : Ville-des-Eaux, Le Vert, Bouzoux, La
Gloriette, etc., le droit de lever garnison dans plusieurs
seigneuries environnantes : Villenouvelle, Lacroix, Coivert et même le comte de Villeneuve étaient tenus de
fournir, à la demande de l'abbé, leur contingent d'hommes pour défendre, contre tout voisin et envahisseur, ses
droits et office.

A l'abbaye appartenait encore, de l'autre côté de la Boutonne, une position fortifiée, se dressant en regard même du Château-Gaillard ; défendue par un talus énorme coupé en deux par une porte maçonnée s'ouvrant sur un pont-levis, qui servait à franchir un large fossé. Cette position avancée communiquait directement avec l'abbaye, par le gué de la rivière et le pontereau des moulins du Port.

Ce tertre, qui existe encore en grande partie avec le fossé qui le protégeait, est la plus haute et peut-être la plus curieuse antiquité du pays. Ce fut primitivement un remblai ou *agger*, élevé à l'époque de la conquête des Gaules, pour clore, dans l'angle circonscrit en cet endroit par les marais et le cours de la Boutonne, un retranchement romain. On ne s'étonnera pas de la construction énorme de ce talus de sûreté, en se rappelant combien nos ancêtres étaient redoutés des Romains. La légion mit, dit-on, soixante-douze heures à le construire ; travail prodigieux qu'ils firent, paraît-il, tellement à la hâte, qu'ils ne prirent pas le temps même d'éteindre la chaux qui unit les pierres du sommet.

Quant au ciment romain, que des personnes savantes se sont attendues à y voir, il n'était pas à employer ici : mais on a trouvé des médailles portant la Louve. Un *agger* élevé à la hâte pour se protéger d'un ennemi qu'on redoute, n'est pas un monument d'orgueil élevé en temps de paix sur une terre conquise : dans l'un, on entasse pêle-mêle les matériaux ; dans l'autre, on cimente, on polit, on cisèle avec soin.

Sur ce tertre, où des cépées de buis poussent encore, deux mille ans ont passé.

Antique champ de bataille, où le souvenir peut évoquer ces hordes gauloises roulant des forêts de l'Est, impétueuses comme l'ouragan que rien n'arrête, franchissant le rempart, rompant les efforts impuissants de la légion romaine qui, dit la tradition, y périt écrasée.

On doit éloge au zèle qui rassemble, dans nos musées, les restes de l'art que n'a point brisés la massue du Temps ; mais, telle inscription gothique retirée d'une abbaye,

telle gracieuse statuette tombée de son piédestal parle-
ront-elles jamais à la pensée autant que ce monticule
informe où combattaient les Gaulois ; ou que telle pierre
énorme suspendue sans art, sur laquelle les druides
sacrifiaient ? C'est en plein air, sous la grande coupole du
ciel, à la place même où se sont passés les événements,
qu'on voit dans leur majesté ces antiques témoins des
vieux âges. Saluons, de notre respect, ces vieillards vingt
fois centenaires, dont le nombre, chaque année, s'éclaircit
trop ; l'Agriculture, impitoyable à son tour, entame avec
la pioche, foule sous les pieds de ses bœufs, les travaux
de la Guerre comme la guerre a ravagé ses travaux ; mais
puisse l'Intelligence aussi elle faire son œuvre, et son
concours généreux nous les conserver.

Du camp romain établi dans l'enceinte, il ne reste
plus de traces. Au Xe siècle, un monastère de *Chateliers*
y fut bâti, dont les religieux défrichèrent le terrain et le
cultivèrent. On dit que Saint-Bernard s'y retira durant
qu'il travaillait à la conversion de Guillaume, duc de
Gascogne et d'Aquitaine.

Dans le cours des guerres et des désordres du XIe siècle,
ce monastère fut pillé et détruit ; mais il n'est pas mentionné. Peut-être est-ce aux barons eux-mêmes du
Château-Gaillard, qu'il faut attribuer ce fait qui aurait
attiré sur eux la vengence du suzerain, et le sac de leur
château en eût été le prix. A la suite de quoi le duc
Geoffroi-Guillaume VIII aurait fondé l'abbaye des Augustins pour remplacer le monastère, dont les matériaux
servirent ; et les gens de l'abbaye, utilisant pour leur
compte la position restée déserte, firent du remblai une
redoute pour se défendre eux-mêmes contre les attaques
qui, de ce côté, pourraient venir encore de la part du
terrible voisin, qui tenait sous sa domination les localités
de la rive gauche, comme l'abbaye avait la rive droite.
Une porte au milieu avec un pont-levis y furent posés,
et, en temps douteux, des sentinelles étaient posées jusque
dans le champ qui s'appelle encore aujourd'hui *Ouche
de la garde.*

Occupée par les Anglais en 1346, l'abbaye fut évacuée

par eux en 1372, à la suite de l'affaire de Chizé, où Duguesclin enivra John Bull en lui faisant boire deux charretées de vin de Montreuil qu'il avala d'un trait (1), après quoi Duguesclin le battit, le chassa successivement de Niort, de Lusignan, du château de Chizé, de Sançay et autres lieux, enfin de toute la Saintonge et du Poitou, où depuis ce temps il n'a plus remis les pieds.

Cependant, le baron du Château-Gaillard avait tourné l'œil sur l'abbaye. Sans doute, lui avait-on conté l'histoire des chateliers et de cette redoute qui, actuellement, servait aux moines à tenir la Boutonne sur les deux rives, si bien que cet état déplut au baron qui entendit devoir avancer jusqu'au cours de la rivière. Du haut des tours de son castel, il voyait se dresser devant lui, d'une façon qu'il trouvait insultante, ce talus allongé lui défendant, à lui, vaillant homme et noble sire, l'approche d'une eau qui passait chez lui.

On a vu que l'abbaye disposait, à l'heure du danger, de forces qui devaient être relativement considérables ; mais le baron entendait y aller tôt et vite sans donner loisir de rassembler tout cela ; c'était de ces natures résolues, qui ne doutent de rien et regardent le succès comme de tout temps ayant été fait pour eux. Voici comment, après une sommation faite aux moines de lui livrer la redoute avec le terrain qu'elle comporte, sur le refus de l'abbé, le sire de Château-Gaillard parut devant *le Châtelier* à la tête de ses vassaux, en armes. Il n'est pas fait mention, dans les pièces à nous parvenues, d'alliés qu'eurent ces barons ; pourtant il est supposable que des seigneuries d'alentour devaient relever d'eux.

Mais on n'avait point à l'abbaye perdu de temps ; la redoute se trouva garnie d'hommes. Le baron ordonne de porter en avant les machines qu'il a fait construire et jeter au fossé des fagots ; puis, à travers une volée de flèches, de grosses pierres, de poix fondue, de troncs d'arbres qui ne l'empêchent pas de gravir le talus, il en-

(1) Voir l'histoire de Duguesclin, bataille de Chizé ; par Guyard de Berville.

traîne ses gens, gagne le haut, frappe de l'estoc, tue, renverse, fait irruption à l'intérieur avec ses plus braves.

Sixième carreau. — Figure à demi-effacée d'une bête prise en une cage : « AMPANSA. LIBERTA. VERA.. CAPI. INTUS », — mot-à-mot : « *étendu autour, vrai affranchi, être pris dedans.* »

Le domaine du baron *s'étendait autour* de la redoute du Châtelier, et il s'est fait *prendre dedans* cette redoute comme dans une cage fermant de chute. Ainsi le baron, ayant avec une part de ses hommes franchi la redoute, aurait été cerné et *pris dedans* ; la queue de sa troupe ayant par lâcheté abandonné la tête, ou bien en ayant été coupée par un stratagème de l'ennemi.

Il y a un mot d'application méprisante au roturier fait seigneur : LIBERTA VERA *vrai affranchi*. (La légende a pris le féminin, en latin l'animal représenté étant de ce genre.)

Septième carreau. — Une chandelle placée dans une lanterne tombe hors de la portière et s'éteint : « SIC PERIT INCOSTANS. — *Ainsi périt qui n'est point solide.* »

Elle a voulu éclairer au loin, s'est penchée hors de chez elle, mais perdant pied, elle est tombée et le vent l'a éteinte. Ainsi est advenu au sire du Château-Gaillard.

Huitième carreau. — Deux vases ; l'un est d'un noble et riche travail, l'autre d'une forme vile et commune « ALIVD VAS. IN. HONOREM. ALIVD IN CONTVMELIAM. — *L'un de ces vases est pour l'honneur, l'autre pour l'affront.*

Ce sont les deux vases du baron : l'un contient la prise du Château-Gaillard sur les Anglais, l'autre la guerre injuste et sa défaite devant l'abbaye.

Neuvième carreau. — Un serpent coupé en deux « DVM SPIRO. SPERABO. — *Durant que je respire, j'espérerai.*

On a vu la colonne d'assaut qui suivait le baron coupée en deux sur la redoute.

C'est la tête séparée du corps, le chef séparé de ses hommes, le châtelain de son manoir et captif. Tant *qu'il vivra il espérera* un jour de délivrance, un jour de restauration... vain espoir, il meurt sans guérir du coup dont la Parque inexorable lui a tranché les reins.

TROISIÈME SECTION.

Premier carreau. — Une meule qui aiguise, montée sur son affût : « DISCIPVLVS POTIOR MAGISTRO. — L'élève préférable au maître. »

Ici le sens est difficile à trouver ; quel rapport entre une meule et un élève préférable au maître? Veut-on dire que de même que cette meule aiguise les armes et en refait le tranchant, le disciple du baron captif, son élève en l'art de la guerre, son héritier, son fils rendit à ses armes émoussées le tranchant, à ses hommes vaincus le courage, la vaillance à ceux qui avaient fui de façon à défendre avec succès le Château que les vainqueurs sont venus assiéger ; les rendant soldats *mieux* que n'avait réussi son père et son *maître; potior magistro?* Il faut bien l'admettre puisque le

Deuxième carreau — continue le sens en disant : « PRVDENTIA. CVSTOS. RERVM. — *La prudence gardienne des choses,* » et présente une tête de gorgone autour de laquelle veille une chevelure de serpents.

Autour du jeune homme intelligent, *autour de sa tête* agissent des serviteurs qui voient, *veillent et mordent* l'ennemi quand il s'avance trop.

Mais la défense ne se continue pas, les ressources sont limitées.

Troisième carreau. — Un bras droit que sur un autel le feu du sacrifice consume : « FELIX. INFORTVNIVM. — *Malheur salutaire.* »

C'est un bras droit, un bras défenseur qui se sacrifie ; les vainqueurs ont consenti à ne point faire le sac du château à condition que le fils du baron agresseur quitte l'armure et prenne l'habit.

Sacrifice, « *infortune salutaire* » d'un seul pour sauver tous, du bras pour sauver le corps, et les moines pouvaient ajouter : du corps pour sauver l'âme. Mais c'était enlever au Château-Gaillard sa dernière valeur, son dernier soutien ; comme l'exprime le

Quatrième carreau. — Un arbre entamé par la

cognée, reste debout. « MELIVS. PERIRE. LICEBAT. — *Mieux valait périr.* » Il était vert et orné de fruits.

C'était un bel arbre, cette maison du Château-Gaillard, dont les hommes désignés par leur seule vaillance au choix du connétable avaient trouvé leur titre de noblesse en un château dont ils chassaient l'ennemi. Mais l'ange malin a soufflé là, le bûcheron homicide est passé, sa cognée a entamé l'arbre et il reste debout encore, mais mutilé, branlant, prêt à s'abattre au prochain orage (ce qui arrivera); mieux eût valu périr de suite et tomber noblement.

Cinquième carreau. — Deux religieux dont l'un dit à l'autre : « TROP. TARD. COGNEV. TROP. TOST. LAISSÉ. »

C'est le père *Trop-tard-connu,* ce personnage dont le souvenir fut en si grande vénération à l'époque, et qui n'était autre que ce baron du Château-Gaillard qui laissa les biens de ce monde pour partir en contrée lointaine vivre au désert. Cette détermination avait été due à « l'ermitte de coste de Vau qui veint en la contrée de « Châtel-Gailhart pour tascher de empescher la guerre « qui s'y faisait. » Cet ermite de côte du Veau, que la chronique ne désigne pas autrement, habitait sans doute quelque hauteur sur la vallée où coule le Veau. Peut-être à l'emplacement de la ferme actuellement appelée Saint-Giraud y eut-il primitivement un ermitage ? (1)

La voix de ces humbles solitaires était à l'occasion d'un grand poids sur les multitudes au temps de ces luttes sauvages de la féodalité ; ce saint homme vint donc et fut ici médiateur : à ceux de l'abbaye il prêche la miséricorde et le pardon ; au jeune seigneur, il fait comprendre, par le malheur qui lui advenait, la vanité des choses humaines. Qu'était-ce devant l'Eternité, qu'avoir été dix ou vingt années baron d'un castel ou ermite en un désert? En rémunération duquel sacrifice il trouvera dans le ciel un royaume autrement glorieux que les châteaux bâtis par la main des hommes, sinon il devra répondre devant le Seigneur des créatures humaines que ce jour il aura fait

(1) On y a trouvé des débris de chapelle.

tuer en un massacre certain pour son caprice et bon plaisir.

Ainsi advint le sacrifice du père appelé *Trop-tard-connu, Trop-tôt-laissé*, parce qu'il était meilleur que les autres, d'autant qu'à la parole de « l'ermitte de coste de Vau » tout le monde n'a pas été converti, ainsi qu'il paraît au

Sixième carreau. — Un arbre vert entre deux secs : « SI. IN. VIRIDI. IN. ARIDO. QVID. — *S'il y a dans le vert, il y a dans l'aride.* »

L'arbre vert est celui qui a profité de la parole ; il est entre deux secs : le prédécesseur et le successeur, en l'âme desquels elle n'a pas pris.

Septième carreau. — Un labyrinthe : « FATA. VIAM. INVENIENT. — *Les destins trouveront la route.*

Ce labyrinthe c'est l'embarras, l'état présent de ce château privé de ses chefs, ses hommes d'armes pris, tués ou battus portant les ravages de la défaite, qui a des redevances de guerre à payer, et pour maître un tout jeune frère de ce baron qui est parti pour la retraite. Qu'en sera la suite ? *les destins* le feront voir, *trouveront la route.*

Huitième carreau. — Sculpture peu apparente de fleurs : « MICIII. CELVM. (MIHI. CŒLVM). *A moi le ciel.*

C'est la devise du saint qui a tout quitté pour le salut.

Neuvième carreau. — La lune entamée « DONEC. CRESCENDO. REPARAM. CORNVA. — *Jusqu'à ce que j'aie crû pour réparer mon disque.* »

Jusqu'à ce que le Château-Gaillard entamé ait réparé la brèche du malheur, et aussi jusqu'à ce que l'enfant soit devenu homme.

QUATRIÈME SECTION.

Premier carreau. — Une montagne que les flots soulevés menacent d'engloutir ; deux anges soufflent sur ces flots et les apaisent « IN PERICVLIS CONSTANTIA. — *La constance dans les périls.* »

Les désastres que nous venons de voir ayant amené sur
le peuple de Château-Gaillard des charges nouvelles, la
misère, la désolation, on le vit se soulever comme une
onde furieuse et menacer le château, demandant « qu'on
« leur rendist leur bon seigneur partiz au loin qui seul
« méritoit les gouverner et fors lequels ils ne en vouloient
« point aultre. »

Alors apparurent, figurés par ces deux anges qui apaisent les flots, l'ermite des côtes du Veau avec le père
Trop-tard-connu ; la présence de ces deux hommes im-
posa le respect à la multitude : l'autorité qu'avait eue l'un,
la réputation de sainteté qui entourait l'autre, firent qu'on
les écouta ; ils exhortèrent ce peuple à ne point faire de
sédition, à obéir à son seigneur et maître, puisque tels
étaient les maux causés par la guerre qu'il les fallait réparer, qu'ainsi serait obéir à Dieu qui l'avait mis en le
château et voudrait le leur conserver afin qu'il réparât,
comme serait en son pouvoir, les malheurs en le pays ;
qu'ainsi donc, ne s'insurgeant point et ne causant de trou-
ble, ils voulussent ne point amener obstacle à sa résolu-
tion, car telles étaient la conviction et l'espoir des saints
hommes.

« Et sur ce (dit la chronique) en la toute nuict laquelle
« suivist le départ du dict baron ermitte eussiés veu en
« lequel lieu et place où avoient, le jour durant, harengué
« le peuple, grandes clartéz et ouï doulx chants et har-
« monieus concertz, de mesme que si feussent anges du
« ciel descenduz en terre chantans louanges et cantiques
« au Seigneur, et le endemain de la dicte nuict si feut trovée
« en le dict et même lieu fontaine courante d'eaue vive.
« Adonc, en lequel lieu et sur laquelle fontaine, gens de
« Châtel-Gailhart, aidés de leurs propres fonds et d'icelles
« offrandes des abayes et châtels voisins, desquels feurent
« prélatz et seigneurs attirés par la admiration du dict
« prodige, bastirent chapèle en mesmoire d'icelui mira-
« cle et en honeur et nom de saint Barnabé, patron, du
« jour où il advint.

« Et ainsi feut faict que es années suivantes, se tinrent
« à Châtel-Gailhart, é dicte époque de sainct Barnabé

« grandes solennitéz, festes et frairies ou venoient gens
« de loin avec malades, quérir pour guérison eaue de la
« dicte fontaine. Lors au fond d'icelle feut nichée en ni-
« che statue du sainct et proche de la entrée sculpté lion
« en pierre è mesmoire d'icelui qui avoit quité insignes
« de seigneur duquel lion est signifiance pour prendre
« au désert bourdon et cilice. »

Voilà donc établie l'origine des solennités de la Saint-
Barnabé, qui, dans la suite, devinrent les foires de Dampierre.

Une maison de moines, desservant la chapelle, fut bâtie
près de la source. A cette époque aussi, on fit à la vieille
église ces deux murs qui, supprimant le transept, joigni-
rent enfin la nef avec l'abside; cette soudure est facile à
reconnaître par la maçonnerie moindre en épaisseur et
les ornements qui ont peu de soin; on élargit l'ouverture
au bas de l'ancien mur qui closait l'abside, et on com-
pléta la toiture. Il y eut aussi un hôpital dont Saint-
Bernard était le patron. Il était situé à la bifurcation des
deux routes dont l'une va à Saint-Georges, l'autre à Blan-
zai; mais il n'est pas dit à quelle époque il fut élevé.

Deuxième carreau. — Peu apparent. On croit y
distinguer comme trois brins de paille dont chacun porte
plusieurs épis. L'inscription, à moitié effacée, ne montre
que : « MIHI. . . . . . . LVCRVM. La restauration en serait-
elle: « MIHI. *copiosum fit* LVCRVM (1). — *Le fruit me revient
abondant?* » indiquant une prospérité inattendue, comme
on voit encore au

Troisième carreau.—Une main qui sort des nues et
présente un rameau d'olivier : « PRVDENTIA. LINITVR. DOLOR. —
Par la sagesse est adoucie la douleur » du vaincu, lorsque d'en haut est *accordé l'olivier*, c'est-à-dire une paix
durant laquelle les maux de la guerre ont pu être réparés;
durant cette paix, en effet, on a vu venir à Château-Gaillard cette affluence de prélats, d'abbés, de seigneurs attirés par le prodige de la source; de là l'argent répandu

----

(1) Ce *mihi lucrum* est dans la distribution générale opposé à
Mihi cœlum, dont il est séparé par les trois carreaux qui limitent
la section, et semble se poser là comme en disant : *j'hérite.*

parmi le peuple, des secours donnés aux malheureux, des offrandes pour cette chapelle qu'on bâtit, la vieille église qu'on restaure, les ouvriers qui travaillent, la prospérité put donc renaître, et l'enfant du château, qui grandit, trouve un conseiller fidèle, en l'homme sage qui, dans ces circonstances, l'a bien servi, au

Quatrième carreau. — « AMICITIA. — *L'amitié* » figurée par un serpent se mordant la queue.

La tête, c'est le chef, le seigneur; la queue, le subalterne, le suivant, tous deux sont unis par un même intérêt qui est le bien commun : c'est l'*amitié*.

Il va sans dire que d'un caisson à l'autre il peut y avoir parfois suite immédiate d'événements, et parfois aussi long intervalle de jours, de mois ou d'années. Par exemple, entre ceux où nous voici, il y a de ces intervalles qu'il a fallu suffisamment longs, puisque la contrée de Château-Gaillard a pu élever des monuments, guérir une bonne part de ses maux, grâce à une administration prudente et à la bienveillance des voisins. Le jeune seigneur, aussi lui, a grandi, il est devenu un homme, mais, hélas! avec le prudent conseiller, il ne sera pas toujours d'accord.

Cinquième carreau. — Entièrement effacé. On y distingue pourtant l'extrémité d'un arc, autour duquel semblent avoir été groupés deux ou trois personnages, comme s'il y était fait quelque harangue. « . . . . . SCO. PIACA. NON . . . . . » est tout ce qu'on y lit; peut-être l'inscription était-elle : « *vindictam po* SCO. PLACA. NON. *ultos manes.* — *Je demande raison; apaise les manes de celui qui n'est point vengé.* » Ceux du vieux baron, mort captif dans les murs de l'abbaye.

Certainement, il s'agit d'une entreprise imprudente et blâmable, puisque voilà au

Sixieme carreau. — « LVZ. IN. TENEBRIS. LVCET. — *La lumière* qui *luit dans les ténèbres.* » Une étoile impuissante à vaincre la nuit. C'est la parole de l'homme sage qui ne prévaut plus, c'est la raison qu'on ne veut pas entendre, c'est *la lumière* qu'on ne veut *pas voir.*

Mais voici maintenant la tentation qu'on écoute :

Septième carreau. — Une personne devant un jeu de quilles ; elle y a perdu ; à ses yeux est dressé un arbre attrayant, chargé de fruits, autour du quel est enroulé ce conseil perfide : « TV. NE. CEDE. MALIS (*aleis*). — *Ne cède pas au mauvais jeu.* » Tu portes à ta parure des pierreries, des perles, tu peux risquer encore et gagner.

« *Ne cède pas au mauvais jeu !* » crie le démon de la convoitise au fils du vaincu, pour qui l'enjeu est toujours beau, ton état s'est relevé, tu as acquis des ressources, risques encore, cette fois tu vaincras.

Mais un fait avait servi à lui rendre confiance. Il est mentionné qu'à cette époque le baron de Château-Gaillard reçut un canon, soit cadeau, soit qu'il l'eut acheté. Cette arme, alors, était rare et d'autant plus précieuse, que ni l'abbaye de Saint-Séverin ni aucune seigneurie d'alentour n'en avaient. L'installation au château de cette pièce eut lieu avec pompe ; elle fut inaugurée, bénite, on lui fit honneur d'un banquet et de fête de lances. Avec ce terrible engin, le baron se crut fort ; voici comme, cédant au souffle de l'esprit tentateur qui le poussait à risquer, il risqua.

Huitième carreau. — Un bouclier : « AVT. HVNC. AVT. SVPER. HVNC. — *ou le* rapporter, *ou* revenir porté *dessus*. »

C'est le mot de la Spartiate à son fils : « ou dessous ou dessus ; » — « ou dedans ou dessus » fut le mot du baron, appliqué à la redoute qui est, dans ce sens, arme défensive, bouclier pour beaucoup d'hommes à la fois ; « *ou* l'enlever *ou* tomber *dessus*. Il tint parole.

Car voici ce que la Chronique nous apprend : « Fisrent
« gens de Châtel-Gailhart retrenchemans en face Châte-
« lier avec tranchées en terre, de là sortoient le jour
« durant et escarmouchoient et batailloient homes d'ar-
« d'armes des deux costéz. . . . .
. . . .

« Avoient les nostres ce jour battu ceux de l'abaïe
« fuyans è Chatelier par porte et pont levis ; adonc baron
« de Châtel-Gailhart poursuivant quasi seul teiloit et tuoit
« tant que a le male heure pour lui pierre lancée de haut

« la redoute abatit de cheval le dict baron que ses gens
« emporterent, et rendist son ame le endemain. »

Neuvième carreau. — Une fleur épanouie sous un
soleil ardent. De l'inscription rongée, on ne déchiffre que
« ...... ORAS ...... » Faudrait-il la restaurer par :
« *flori noxœ* HORAS *astro ducente fervido. — Un soleil
ardent apporte à cette fleur des heures funestes? »*

Un soleil qui fait jeter à la fleur toute sa force de végé-
tation, puis qui la brûle. La guerre, comme un astre
dévorant, ne fait-elle pas jeter pareillement à un peuple
toutes les forces de vie qu'il possède en courage, en
richesses, en hommes, dont l'appareil s'étale formidable
et brillant, comme une *fleur* de vaillance, *sous l'astre* de
Mars, dieu sanglant? et quand tout ne suffit pas aux exi-
gences du rayon qui brûle toujours, quand manquent
(l'eau à la fleur) les ressources au peuple, il est vaincu et
périt. C'est l'*astre ardent ayant apporté l'heure funeste.*

Par l'aperçu qui a précédé, il est évident que cette lutte
dut avoir de l'importance. Il est à regretter que pas une
de nos pièces n'ait dit quelles seigneuries de la rive gauche pouvaient relever des sires du Château-Gaillard, et
déployer leurs bannières, dans cette plaine, avec eux.

CINQUIÈME SECTION.

Premier carreau — Le diable en effrayante figure,
ailé. — « MAS. PENADO. MAS. PERDIDO. Y. MENOS. AREPANTIDO.
— *Plus tu m'as nui, plus tu m'as perdu, moins je me
suis repenti.* »

Le démon de la convoitise a nui aux barons du Château-
Gaillard, il a causé la perte de deux, mais loin de se
repentir, celui qui succède est d'autant plus acharné qu'il
s'agit à présent, pour lui, de venger son père.

Le diable avait été, disait-on, pendant cinq nuits avant
l'assaut, vu par des hommes de gärde, assis en cette pos-
ture sur la maîtresse tour du Château, et le matin s'en-

fuyait au premier coup de l'*angelus.* Une telle apparition ne pouvait comporter bon augure.

Deuxième carreau — Une couronne de laurier ornée de rubans : « NEMO. ACCIPIT. QVI. NON. LEGITIME. CERTAVERIT. — *Aucun ne la reçoit qui n'aura pas legitimement combattu.* »

Qui aura combattu dans cette guerre non légitime ne recevra point la couronne de victoire. Mais le baron n'a pas lu cette maxime. Jeune, ardent, il exécute pour le venger ce que son père a entrepris ; les événements ne tardent pas. On a mis le jour pour un assaut contre la redoute. La veille au soir, le baron passe en revue les bagages, les hommes ; il paraît armé de toutes pièces, entouré de ses vaillants, son œil est sombre ; de quelques paroles brèves, il les anime à faire chacun son devoir en brave homme d'armes, de façon qu'il en soit fait éloge. Le lendemain, au point du jour, l'ordre est donné, on part pour l'attaque, et le

Troisième carreau — montre un canon faisant feu. « SI. NON. PERCVTIAM. TEREBO. — *Si je ne frappe, j'épouvanterai.* »

C'est le canon du Château-Gaillard qui tirait sur les gens de l'abbaye, sur la redoute et le bourg (1) *pour tuer ou pour faire peur ;* on devait, en effet, compter moins sur la précision du tir que sur la terreur de la flamme et du bruit.

Le carreau suivant nous répète que le sujet de guerre est bien le même que l'autre fois.

Quatrième carreau. — Un bassin où Narcisse (2) s'efforce de tirer des eaux la fatale image qui causa sa mort. Devenu fleur, il est au pied de ce même bassin d'où s'échappe cette même eau qui l'arrose. VT. PER. QVAS. PERIIT.

---

(1) Les habitants de Saint-Séverin ont récemment trouvé de ces boulets sur le Châtelier, dans le bourg et même dans leur église.

(2) Narcisse, enfant d'une grande beauté, qui, un jour, se vit dans une fontaine. Ne pouvant parvenir à faire sortir des eaux cette belle figure, il sécha de langueur et fut métamorphosé en la fleur qui porte son nom.

VIVERE. POSSIT. AQVAS. — *Afin qu'il puisse vivre par ces mêmes eaux qui l'ont fait périr.*

Poétique image. Le Château-Gaillard, aussi lui, *tente de vivre*, veut reconquérir honneur et profit par cette même guerre qui l'a ruiné, avili, *par ces mêmes eaux qui l'ont fait périr*. Au pied du bassin, il y a deux têtes de narcisse qui signifient les deux barons, père et fils, qui ont voulu *revivre par ces mêmes eaux* (se relever par cette même guerre).

De ce bassin, la bonde est ouverte, les eaux sont lâchées ; du Château-Gaillard, pareillement, la *bonde* est ouverte, les eaux sont lâchées ; c'est toutes les forces faisant irruption, lancées à l'attaque au péril de le quitter à sec, c'est la partie engagée de nouveau, c'est l'élan, c'est le jeu dernier, c'est le risque-tout d'une suprême tentative. Du sommet de la redoute, cependant, l'alarme est jetée, les hommes accourent, on combat et on se défend. Au canon du château, répondait le tocsin des chapelles de l'abbaye, auxquelles bientôt firent écho les cloches du Vert, de Villenouvelle, de Lacroix, de Coivert, de Villeneuve ; pendant que les gens du Château, s'aidant de fascines et d'échelles, franchissaient le fossé et luttaient sur la redoute au cri de : « *Sainct Pierre de Châtel-Gailhart !* » les populations, accourues en armes aux sons des trompes de toutes ces bourgades, arrivaient se joindre à ceux du Châtelier, augmentés même, les jours précédents, d'un renfort venu de Melle (1). La redoute eut bientôt l'avantage du nombre : ils rejettent au bas du talus le baron qui s'élance à cheval, menace les fuyards et tente un effort pour se maintenir en bataille dans la plaine où à son tour il est assailli.

Alors, un homme dont il faut regretter que la Chronique ni aucune pièce ne nous ait conservé le nom, cet ami prudent et sage qui, dans les conseils de son maître, résista aux projets de cette guerre (4ᵉ et 6ᵉ carreaux de la

______

(1) Dont le couvent payait redevance à l'abbaye de Saint-Séverin. Il paraît qu'elle tirait aussi des revenus de certaines rues de La Rochelle et de Niort.

IV° section), et qui commandait là un corps de réserve, avec des chevaux, se précipite au secours du baron ; d'un rude choc contre l'ennemi qui fait irruption de la redoute, il le dégage un instant ; mais le nombre augmente au Châtelier et continue à grossir de ceux des paroisses les plus éloignées, appelés en masse par le tocsin qui sonne toujours, et hurlant chacun son cri de guerre. Les moines, par leurs prédications, avaient exalté contre ces « barons impies » la fureur des populations, et fait de cette guerre une sorte de croisade. Cette lutte fut acharnée, sanglante, « eut grande tuerie et force gens restez là (1). » Le baron de Château-Gaillard lui-même fut blessé ; son brave lieutenant, sous le nombre qui l'accable, reste seul à couvrir la retraite, il tombe frappé à mort. De ce moment, la panique se met dans les troupes du baron, qui se débandent, fuient par les champs et vers le Château, autour duquel le

Cinquième carreau. — Nous montre le déluge roulant des débris submergés, c'est-à-dire l'invasion de l'ennemi victorieux qui vient rouler en débris les troupes vaincues, la fortune submergée : « VERITAS. VINCIT. — *La vérité l'emporte.* » La vérité annoncée par l'homme vertueux qui n'a pas été cru.

Comme un autre Noé, il avertissait de ce qui arrive enfin. Entouré par la tempête, s'élève un édifice carré, qui est comme l'arche, figurant le Château, dernier abri que battent les flots de l'invasion. La barque démâtée, qui est le jouet des vagues, c'est l'armée en déroute qui n'entend plus son chef ; elle emporte, poussée vers le Château, des débris de casques, d'armures brisées, taillées en pièces, et à travers la campagne, figurés par des vagues déchaînées, courent les hommes d'armes, pillant et dévastant.

Après le désastre, voici les pleurs.

Sixième carreau. — Un tombeau sur lequel gémit une figure au désespoir : « VICTA. IACET. VIRTVS. — *La vertu gît vaincue.* »

____

(1) Chronique.

A ce moment, on la reconnut, mais trop tard. C'est toujours le personnage des 4ᵉ et 6ᵉ carreaux, IVᵉ section. Sur le monument est écrit : « T.AÏACIS. C'est-à-dire : « *Telamonidis* AÏACIS. — Vertu d'*Ajax, fils de Télamon*. »

Comme il était l'homme sage dans le conseil, il fut l'homme vaillant sur le champ de bataille ; puisque c'est en soutenant la retraite le dernier, comme un Ajax, fils de Télamon, que sa *vertu* ou *valeur* sous le nombre *tomba vaincue*, comme elle était tombée vaincue déjà, lorsqu'il était encore à tenir le dernier contre ce projet de guerre que, seul, il désapprouvait.

Pleure, en effet, ô douleur ! car, avec cette vertu qui tombe, s'en va la fortune du Château. Les troupes de l'abbaye l'ont entouré et en forment le siége. Cependant, un bon augure apparaît.

Septième carreau. — Une colombe portant dans son bec un rameau : « SI. TE. FATA. VOCANT. — *Si les destins t'appellent*. »

Il était assez l'ordinaire, à cette époque, en un couvent qu'assiégeait ou menaçait quelque baron pillard du voisinage, que les moines, par l'organe de leur vénérable et docte supérieur, lui adressassent, pour l'engager à abandonner ses projets coupables, des leçons et suppliques en latin, dont le fonds et les termes étaient tirés des auteurs sacrés ou profanes : de Cicéron, de Virgile, comme de Saint-Ambroise, Saint-Augustin et autres, paroles toujours belles, assurément, mais peu sujettes à influencer le peu lettré homme d'armes, surtout quand il se voyait ou se croyait le plus fort.

Le bon supérieur des Augustins, dont les homélies avaient été jusque-là sans écho du côté des sires du Château-Gaillard, vit dans leur défaite un moyen de les obliger à entendre ; fidèle toujours à sa mission de charité, il ne chercha point à s'approprier les terres du baron ni à tirer son or, mais il songea à profiter de sa victoire pour faire une conquête plus précieuse : celle de son âme. Il avait fait porter au Château le corps du brave officier trouvé sur le champ de bataille (des boucles adaptées au cercueil, représenté dans le carreau précédent, indiquent ce transport), puis, au baron vaincu, il envoya une *oratio*, dont le sujet avait pour fonds ces vers de Virgile, se rapportant au rameau d'or que va cueillir Enée, et appliqué à l'objet que veut conquérir le baron, qui a là échoué comme son aïeul, et lui donnant à comprendre que les tentatives en seront vaines toujours :

> Ipse volens facilis que sequetur
> SI TE FATA VOCANT, aliter non viribus ullis
> Vincere nec duro poteris convellere ferro.

« Il suivra ta main de lui-même et sans effort, *si les destins t'appellent ;* autrement, aucune force ne le pourra rompre ; tu ne l'ébranleras point par le tranchant de l'acier. »

Le baron, vainqueur, eut peu fait cas de cette docte leçon ; mais vaincu, il vit différemment les choses. Devant ce cercueil, où était couché celui qu'on ne crut point, tombé pour le servir à l'heure du danger, et qui à présent devenait son juge, un regret amer dut lui mordre l'âme, car « il ploura moult amèrement la faulte de son « père et sienne (1). » Il voyait son armée en désarroi, son Château qui pouvait être pris, un siége où, pour le moins, il capitulerait ; et cependant, du dehors il voyait venir, comme *la colombe* de bon augure *apportant le rameau* d'olivier, les paroles pacifiques du bon abbé avec ses exhortations paternelles. Pouvait-il ne pas tomber à ses genoux ? Force lui fut de signer paix et alliance avec ce généreux voisin, comme montre le

Huitième carreau. — Deux mains droites qui se joignent : « ACCIPE. DAQVE. FIDEM. — *Reçois ma foi et donne la tienne.* »

Neuvième carreau. — Deux colombes qui se font compagnie (2) : CONCORDIA. NVTRIT. AMOREM. — *La concorde entretient l'amour.* »

(1) Chronique.

(2) Ces deux colombes furent décapitées en 1793, parce qu'elles voulaient dire un ancien baron du Château-Gaillard, avec l'abbé de Saint-Séverin.

Voilà donc la paix, la concorde et l'amitié établies entre le supérieur de l'abbaye de Saint-Séverin et le baron du Château-Gaillard, et qui durèrent, cette fois, leur vie à tous deux.

SIXIÈME SECTION.

Premier carreau — Une boule lancée par une main contre un rocher, rebondit avec six autres contre cette main : « CONCVSSVS. SVRGO. — Heurté, je rebondis. »

Le baron du Château-Gaillard étant mort, son héritier lui succéda. L'abbaye avait aussi changé de maître ; ce n'était plus ce bon vieillard, homme évangélique, de paix et de conciliation, qui avait passé ses dernières années dans l'amitié de celui qu'il avait si généreusement vaincu. Le nouvel abbé des Augustins différait entièrement de cela : esprit remuant, fier, audacieux, tracassier, rancunier chanoine et belliqueux abbé, il entreprend de demander au Château-Gaillard compte de ses vieilles attaques contre l'abbaye de Saint-Séverin.

Dans cette idée, il opéra tant et si bien, secondé par une notable part de son chapître, mécontent des allures pacifiques du dernier abbé, qu'il réussit un matin à faire partir en guerre, contre le baron, toutes les seigneuries d'alentour sur lesquelles il avait quelque droit ou quelque influence : Villenouvelle, Levert, Villeneuve, La Croix, dont le Château était Leffort, Coivert, Laroche, avec Saint-Séverin, les villages vassaux, et lui-même, à la tête des hommes d'armes et de ceux des moines qui veulent suivre leur belliqueux prieur, vient attaquer fièrement son agresseur d'autrefois.

De même que les sept balles rebondissent contre la main qui les a provoquées, rebondit maintenant contre le Château-Gaillard à son tour, une attaque de sept points à la fois.

Deuxième carreau. — Un arbre dont les branches sont coupées, portant une plaque où sont gravés ces hiéroglyphes   : — *Niveau, Delta.*

Le *niveau*, dont les Egyptiens marquaient les degrés de débordement du fleuve ; le *Delta*, province, lieu, moment où il se jette dans la mer. — Dans la mer du domaine royal sont allés se jeter tous les fleuves de la féodalité ; le moment où ils y arrivent est, pour chacun d'eux, le *delta*. Leurs débordements ont été ces ambitions, ces guerres, ces querelles du seigneur, pour lesquelles l'histoire tient l'emploi du *niveau* qui les marque.

Cet arbre est celui du Château-Gaillard ; il a ses deux grosses branches coupées par ces deux guerres malheureuses qui le tuent.

Nous venons de passer en revue le *niveau*, nous arrivons maintenant au *delta*.

Troisième carreau. — Une pyramide autour de laquelle sont pendues des armes de chevalier : « SIC. ITVR. AD. ASTRA. — *C'est par là qu'on va aux astres.* »

C'est-à-dire par la vaillance, vertu de l'époque, comme chaque âge a eu sa vertu ; à d'autres temps, ce fut de posséder beaucoup de science ; quelquefois, chez certaines bonnes gens, d'être honnête homme ; chez quelques sauvages, la chasteté ; chez des païens, servir les dieux ; mais nos révolutions ayant changé cela, la vertu, aussi elle dans nos mœurs, s'est apprise à vivre ; le fait est qu'elle est plus commode une fois passée sur la forme des penchants ou des intérêts de chacun, que venant tout droit de chez les Apôtres. De sorte que, convenablement modifiée, chez nous, nation chrétienne jadis, aujourd'hui civilisée, la vertu, somme toute, actuellement, revient à avoir abusé de beaucoup de femmes, c'est-à-dire être galant et bien fait ; à paraître riche, voire même l'être par n'importe quel moyen, et comme nonobstant l'esprit est rare, à le remplacer par le bon ton, lequel consiste à porter correctement un habit noir, à parler chien et débauche en société de mâles, soit à y débiter quelque obscène couplet, et devant les dames savoir être un babouin de salon. Il est vrai qu'on ne parle plus d'*aller aux astres*, aujourd'hui, c'est trop haut. — « Dieu, le Roi et ma Dame » était la devise du chevalier qui devenait invincible ; mais, quelle est à présent la devise du soldat ? Dieu avec le Roi sont abolis, et la Dame est remplacée par la lorette, l'actrice et les filles qui sont à tout le monde.

Oui, la vieille société avait d'énormes abus, mais elle portait du moins un air de grandeur, même dans ses fautes ; les barons de ce Château, dont nous cherchons à tirer par lambeaux l'histoire de la poussière, ont fait ce qui fut blâmable, mais ils conservaient leur tradition de vaillance, et mieux valent encore chez un peuple les folies qui proviennent de là, que le relâchement prolongé d'une vie luxueuse et d'égoïsme où se décomposent les mœurs. Mieux vaut, pour une nation, tomber comme Troie, dont tous les siècles ont honoré le malheur, que de pourrir dans les délices ignobles de cet Empire Romain, dont la honte a surpassé la gloire.

Dans le vieux manoir, sur son roc, flanqué de ses tours, il n'y avait pas de salle de danse ; mais dans l'une, aux murs épais, austère d'aspect, étaient le blason et l'armure des ancêtres ; c'est là que le baron va s'inspirer du souvenir de ses pères, se recueillir, et contemplant ces pièces d'armure, ces cuirasses, ces casques, ces glaives qui ont servi à ses aïeux, monuments sacrés de la famille, leur demander secours et force en ces jours, où l'ennemi menaçant en armée nombreuse environne le Château.

Ici se place un fait que la Chronique raconte, et qu'il ne faut pas omettre ; vu le respect que nous lui portons, nous laisserons au texte, ainsi que de coutume, son type original ; seulement, vous y excuserez, Mesdames, la crudité d'une ou deux expressions ; pour ces Messieurs, je ne dis rien, ce n'est pas d'aujourd'hui qu'ils ont l'oreille acérée. C'est peu de chose au reste :

« Depuys le temps des Anglois, le Châtel-Gailhart ne
« avoit onques veu tant grandes troupes de gens armez
« desquels tant chièrent et pissèrent chevaulz et homes
« que feut au bas et non loing du Châtel, prouduicte
« fontaine courante, laquelle en mesmoire de icelle façon
« par quoy commença couler feut appelée *fontaine Roule-*

« *Crottes*, lequel nom veult dire prouduicte par le roulant
« crottement et pissement des bêtes et gens sis en icelle
« occasion au devant le dict Châtel-Gailhart.

« Si peut-être demanderés coment ne feut point la
« dicte fontaine prouduicte plus tôt, lorsque étoient occu-
« pans le païs gens Anglois plus drus et nombreus, vous
« rappèlerés que en icelle dernière armée se trouvoient
« moynes de Sainct-Séverin, lesquelz mangeant et beu-
« vant six foys plus que aultres homes de la dicte fontaine
« prouduizirent bien les trois quartz.

« Et ainsi feut faict que bien alimentée à principe,
« continuast de couler ès années suivantes et vinrent
« gens du païs là poyser eaue pour boissons et aultres
« usages de la vie.

Comme on le voit, les revers n'ôtaient pas aux gens
du Château-Gaillard l'humeur de rire. C'est en effet cette
fontaine qui porte encore aujourd'hui le nom de *fontaine
Roule-Crottes*, et qui, malgré son nom et l'origine donnée
par la Chronique, n'en donne pas moins de bonne et
belle eau pendant presque toute l'année.

Quatrième carreau.— L'urne des destins percée du
trou par lequel passe tour à tour le sort de chaque mor-
tel : « INTVS. FIT. SOLA. MANIFESTA. RVINA. — *La ruine s'y
prépare seule, qui sera manifeste.* »

On y comprend que l'heure fatale va sonner pour le
malheureux Château. Epuisé de ressources par son dernier échec, manquant de troupes, abandonné d'alliés
peut-être qui ont vu sa cause en péril, environné par les
forces rassemblées de sept châteaux ou seigneuries qui
battent ses murs, près de tomber en l'abîme qu'il entre-
voit, le Château-Gaillard poussa un cri de détresse, il
implora un secours supérieur.

Cinquième carreau. — Un bras qui vient du ciel,
tenant une épée avec un instrument de médecine :
« PERCVTIAM. ET. SANABO. — *Je viens frapper et guérir.* »
Nous voici en 1475. Depuis quarante ans, il n'y avait
plus d'Anglais en France ; leur armée, avec ses plus vaillants généraux, ayant été mise en déroute par une gar-

deuse de moutons (1). Il ne restait plus, pour tracasser le roi, que quelques seigneurs des plus durs. Encore Maître Louis, en sa peau de renard, savait-il bien trouver quelque endroit pour les mordre ; c'était Louis XI. Comme il passait dans le Midi, allant assiéger Perpignan, c'est lors que son secours se trouve invoqué par le baron du Château-Gaillard contre « les attaques et guerres que fai-
« zoient à luy seigneurs des châteaux voizins contre
« droit et traitez, lesquelz les dicts voizins rompoient
« sans nulle approvable cause que auroit lui baron du
« Châtel-Gailhart provocquée par aucuns tortz ou griefs
« contre ses dictz proches demeurans et confins.

« Adonc, feut appel ouy et de par le roy advint en le
« Châtel-Gailhart prévost d'armes avec respectables for-
« ces de gens, lequel commença incontinent de prendre
« dispositions pour que ne peust doresnavent le dict Châ-
« tel-Gailhart estre attaqué de dehors, comme aussi lui
« de même attaquer les aultres ; et feurent pour icelui
« effet destruictz créneaus, tours, rempartz et aultres ap-
« pareaulz en sorte que ne peussent jamais plus voizins
« ennemis ou Anglais se servir de icelui moyen en les
« fins de molester le païs. »

C'est bien le sens qui en effet appartient à ces mots dé-risoirement employés de *frapper et guérir*. Il va sans dire que le château étant occupé par les gens du roi, les assiégeants ne continuèrent pas la guerre et revinrent chez eux. Cette délivrance fut payée cher :

Sixième carreau. — Un arbre qui meurt enlacé dans l'étreinte d'un lierre ; voilà bien cette « INIMICA. AMICITIA. — *amitié ennemie* ».

Amitié de celui qui vient pour vous secourir, prend pied chez vous, y devient fort et vous embrassant vous étouffe. « Et ainsi feut faict que gens du Roy prinrent
« pied en le Châtel-Gailhart où se arrogeant puissance à
« costé du baron apposèrent les mains sur les droits
« d'icelui, dépecèrent le Châtel-Gailhart ayant réduit le

____

(1) Jeanne d'Arc.

« païs en pouvoir et domination du Roy souverain Sei-
« gneur. »

Septième carreau — Une bannière portant l'image
du satyre Pan avec ces initiales : « s. p. q. r. (*Senatus
Populus Que Romanus.* — *Le Sénat et le Peuple Romain.* »

C'est-à-dire en le sens qu'on admet ici : « *Le Roi et le
Peuple Français.* » Alors que les châteaux sont détruits,
que les bannières féodales sont tombées, ce sera sous une
bannière unique désormais, sous celle du Peuple et du
Roi, que marchera le pays. Le satyre Pan, qui signifie as-
semblage de tout (παν), est sur cette bannière le symbole
de tous les éléments de l'ancien ordre social qui doivent
se rassembler et ne plus faire qu'un.

Huitième carreau. — Un guerrier qui à coups d'épée
détruit une ruche : « melitvs. gladivs. — *Glaive enduit de
miel,* » ou emmiellé.

C'est-à-dire destruction par un glaive emmiellé qui,
frappant, s'emmielle pour frapper, ainsi en est de celui
qui pourfend la ruche et les gâteaux. Ce fut de tous
temps le sort de bien des Etats, de villes, de châteaux,
d'hommes et de maisons d'être détruits par des glaives
enduits de miel. De ce fameux Château-Gaillard qui trou-
blait la contrée, la puissance est finie ; sur le coteau, ses
menaçantes tours ont baissé la tête ; ses fortifications
tombent sous la pioche du paysan qui y combattait, un prévôt d'armes réside là, chargé des ordres royaux, il a mission de ruiner ceux qui ont appelé son secours, il a eu
pour eux des paroles amies, l'exécution dont il les frappe
est un *glaive emmiellé.*

Neuvième carreau. — Un œil en face du soleil :
« nec te. nec. sine. te. — Je ne puis être « *ni avec toi ni
sans toi* »

Ta lumière m'éclaire, mais tes rayons me brûlent. —
Sire, votre secours me délivre, mais votre présence me
détruit.

D'après une tradition, il paraîtrait que par suite du dé-
cret royal, le Château-Gaillard ait été incendié. Qui aurait
motivé cette dernière rigueur ? sans doute un prétexte
que sait toujours trouver la justice du plus fort ; cette

exécution qui pouvait servir à épouvanter la féodalité du voisinage compléterait bien le sens de « vos rayons me *brûlent* ». Quant à l'infortuné seigneur, on peut supposer ses jours avancés par suite de la catastrophe de son château.

SEPTIÈME SECTION.

Premier carreau. — Le livre de l'Histoire portant sur sa page ouverte : « EN. RIEN. GIST. TOVT. »

Toutes les ambitions, toutes les guerres et « TOVT ce qui fût du Château-Gaillard GIST. EN. RIEN », puisqu'il n'est plus que cendres ou que ruines.

Deuxième carreau. — La couronne royale surmontant un H : « IN. TE. OMNIS. DOMINVS. RECVMBIT. — *Sous ta puissance retombe enfin tout seigneur.*

Par flatterie pour le prince régnant, on a mis là l'initiale de Henri II qui fit terminer l'édifice de Dampierre et non celle de Louis XI sous lequel la baronnie de Château-Gaillard est déclarée domaine royal.

Troisième carreau. — Un dauphin cramponné à une ancre : « SIC. TRISTIS. AVRA. RESEDIT. — *Ainsi se pose tristement l'infortuné.* »

C'est le *dauphin* (1) du Château-Gaillard, c'est-à-dire l'héritier, le fils du dernier des barons. Comme ce poisson qui *se pose tristement* sur l'ancre qui, jetée du vaisseau, l'a chassé de sa caverne, le malheureux enfant ne trouve plus à reposer sa tête que là où consent à le laisser à sa suite la puissance qui l'a chassé de son bien. Mais cette barre sur laquelle il s'appuie, elle est de fer ; la prière ni la plainte ne la fléchiront pas. La présence de l'héritier des Château-Gaillard, bien que dépouillé, fait toujours ombrage à l'exécuteur des vengeances royales ; dans les archives, on ne manque pas de trouver des griefs

(1) Bien que ce nom porté par les seuls fils de France ne soit point ici régulièrement applicable, le sens de toutes ces sculptures étant par comparaison et par symbole, on a usé ici de celui-là.

qui motivent un arrêt de proscription, et le voilà réduit à
fuir comme indique le

Quatrième carreau. — Un dragon ailé à gueule
béante. « AB. INSOMNI. NON. CVSTODITA. DRACONE. — *Sa vie
n'est point en garde du dragon qui ne dort pas.* »

Ce dragon qui *ne dort pas* ou qui *chasse le sommeil,*
c'est la proscription, qui de nuit comme de jour poursuit
le malheureux, c'est ce pouvoir redoutable qui renverse
les châteaux, condamne et exécute la noblesse, c'est la
politique du gouvernement impitoyable de Louis XI.

Cet INSOMNIS. DRACO. représente et veut dire encore ce
dragon de la nuit dont parle la légende de l'époque : on
disait de quelqu'un obligé à passer la nuit dehors, *qu'il
était exposé au dragon de la nuit,* ce qui répond bien à
« AB. INSOMNI. NON. CVSTODITA. DRACONE. » s'appliquant à l'infortuné châtelain fugitif et privé d'asile. Ce dragon ou serpent ailé, qui jusque dans la contrée de Château-Gaillard
causait une terreur superstitieuse, était du pays de Niort
où il avait sa retraite en les fossés de la ville.

A diverses époques, il a été ainsi fait mention de dragons ou serpents monstrueux vus en différents lieux, par
exemple ceux de Régulus, de Saint-Georges, de Mons, de
Rouen, de l'île de Rhodes, etc. A ces récits de la bonne
Légende, la Science, son adversaire instruit, secoue d'habitude la tête avec prétention et répond : « fable ». Mais
a-t-elle tout vu, cette dame la Science, non exempte aussi
elle de se tromper, dont les disciples titrés donnèrent si
peu de nos inventions, persécuteurs souvent du génie
qui découvre ? Où a-t-elle pris le droit de crier « impossi-
ble ! » sur telle œuvre non réapparue de la création ? Elle,
éclose d'hier, envieuse et voyant si court, incapable de
pénétrer seulement les mystères d'un brin d'herbe, veut-
elle avoir sondé les forces premières de la Nature, et oser
dire à cette épouse éternelle de l'Univers : « Tu n'as jamais eu la puissance de produire cela » ? Pour montrer,
au contraire, que le merveilleux ne l'effraie point, à ces
êtres d'énorme grandeur dont il n'apparaît qu'isolément
quelque individu en l'intervalle de plusieurs siècles, ne
pourrait-elle supposer quelque œuf d'un monstre antédi-

luvien perdu en les profondeurs du sol, et qu'une cir-
constance fortuite à un jour rapproché de la surface où il
a pu éclore ? ou même l'animal déjà éclos ne peut-il être
resté des siècles encore enfoui à la manière de ces batra-
ciens que parfois on trouve vivants à l'intérieur d'un
bloc de pierre ou d'un tronc d'arbre, enfermés sans nour-
riture, sans air et sans que dame la Science, déroutée ici
comme ailleurs, puisse dire comment ni de quand ils sont
là ? Puis une époque venant où l'animal, par une cause où
l'autre, est tiré de sa torpeur, il vit sous terre des substan-
ces hétérogènes qu'il rencontre ; durant de longues années,
il croît solitaire, creuse le sol à mesure qu'il se fortifie,
jusqu'à ce que, arrivé à la surface, il y établit sa caverne,
et son existence pourrait être de plusieurs fois cent ans
si l'homme ne le détruisait pas. Qui prouvera que ce ne
soit point quelque observation de ce genre qui ait fourni
aux anciens le sujet de fables de dragons trouvés dans
l'intérieur de la terre, et gardant des trésors ?

La bête ici mentionnée, qui avait sa caverne dans les
fossés de Niort, derrière, dit-on, la tour de Notre-Dame,
avait, selon la légende, le corps et la tête d'un serpent,
des dents aigües avec des oreilles droites écaillées, à la
région de l'abdomen deux pattes de crocodile, et au
thorax tout d'une pièce, renflé à la grosseur du corps
d'un chien moyenne taille, deux longues ailes dont il
s'élevait en l'air avec des sifflements horribles. Il jetait la
terreur dans la campagne environnante où il s'abattait
sur les animaux, les hommes même pour en faire sa
proie, et en ville où, le soir venu, personne n'osait plus
sortir ; l'honnête marchand, le bon bourgeois, qui à ces
heures vont prendre le frais, ne dépassaient plus les bar-
rières ; ces dames fermaient leurs fenêtres dès soleil couché, le guet et la garnison de Niort avaient fait des ron-
des de nuit contre la bête, la noblesse avait organisé des
chasses, mais sans lui faire de mal, heureux même quand
on n'y perdait pas des hommes ; des écailles couvraient
le corps du monstre qui résistait au tranchant des armes.

On fut enfin délivré de ce fléau par un soldat condamné
à mort qui demanda à le combattre, ce lui fut accordé.

Cet homme, dit la légende, se cacha d'abord plusieurs soirs pour observer le serpent et vit que sous le ventre il n'avait point d'écailles ; alors il se revêtit d'une cuirasse complète, entoura son poignet gauche d'une pelotte de cuir et alla se poser armé de poignards et d'une dague, adossé à un escarpement du rempart en face du trou. Quand le monstre sortit, il se jeta sur l'homme, le battant de ses ailes armées de griffes avec un bruit et des sifflements affreux, mordant en la pelotte que le soldat avait élevée sur sa tête pour y attirer et fixer les dents ; l'expédient eut son effet : d'un vigoureux coup l'homme plongeait sa dague en la peau molle de la bête et lui ouvrait le ventre ; elle roula par terre avec des flots de sang, blessée à mort, se débattant dans un râle ; après qu'à coup de pique le soldat l'eut achevée, il lui racla avec sa dague les écailles du cou, trancha la tête et alla la porter au gouverneur de Niort, mais il n'y arriva pas seul, car à cette vue il y eut grand émoi par la ville : on l'y mena en triomphe, il eut sa grâce qu'il ne volait pas ; la nuit fut en fête ; le lendemain toute la population put aller voir le monstre gisant sans vie au fond du fossé, la tête en fut attachée au haut de la tour de Notre-Dame et l'anniversaire de ce jour se fêta longtemps.

Cinquième carreau. — Un cygne dont le cou est traversé par une flèche empennée : « PROPRIIS. PEREO. PENNIS. — *Je péris par mes propres plumes.* »

C'est par les miens, mes propres sujets, mes propres vassaux, que je péris. Quelques misérables, comme tous les pays malheureusement en peuvent fournir, gagnés avec de l'or, sont *envoyés* découvrir la retraite de leur malheureux maître, et ils l'*égorgèrent* (la flèche traverse le cou) dans une barque comme ils devaient, paraît-il, lui passer la rivière pour gagner la forêt et trouver refuge en quelque château écarté en attendant une occasion à pouvoir filer dans les Etats du comte d'Anjou. Ce crime commis, les meurtriers emportèrent sa tête pour en être payés.

Ainsi finit le dernier rejeton de cette famille du Château-Gaillard ; l'acte fut consommé parmi les *bois d'îles* où il s'était tenu caché; probablement c'est la Boutonne qui est entre le coteau de la Touche et la forêt. Longtemps les bonnes femmes ont raconté que là on entendait des plaintes la nuit, et que durant le jour y répondait la voix du baron défunt, quand on l'appelait.

Sixième carreau. — Deux cornes d'abondance réunies avec un caducée, « VIRTVTI. FORTVNA. COMES. — *La fortune compagne de la vertu.* »

Cet emblême se rapporte à une sœur du baron qui restait. Les vertus jointes à l'infortune ne sont pas toujours sans empire, même sur un persécuteur féroce. L'exécuteur royal, séduit par les attraits de sa captive, traite avec égard *sa vertu* et lui présente *la fortune.* Pour compléter ce sens, le

Septième carreau — montre l'amour domptant un Cerbère : « ÆTERNVS, HIC. DOMINVS. — *C'est ici l'éternel seigneur.* »

Le Cerbère est celui de Louis XI, son portier, son satellite (peut-être Olivier ou Tristan, ce que rien ne prouve), c'est l'exécuteur des ordres royaux qui se laisse enchaîner par l'amour aux yeux de celle qu'il a en son pouvoir et lui offre ce qu'il est, à quoi la noble enfant répond au

Huitième carreau — par cette devise d'Anne de Bretagne, une hermine emprisonnée : « MORI. POTIVS. QVAM. FŒDARI. — *Mourir plutôt que me souiller.*

Mourut-elle en effet? cela n'est pas dit. Il est à supposer qu'un cloître a été son refuge. Cependant le

Neuvième carreau — montre deux cornes de feu, ardentes toujours : « FRVSTRA. — *En vain.* »

En vain brûlera le cœur du tigre.

Après une série de carreaux portant rosaces et ornements, est au bout de la galerie le

Dernier carreau — qui porte des flammes : « DONEC IGNES. ERVNT. — *Tant que vivront les feux* », ici dominera la couronne de France.

FIN DE L'ÉPOQUE DU CHATEAU-GAILLARD.

TABLE

DES SECTIONS DE CARREAUX.

———

———

Niort. — Typographie de L. FAVRE.